Nina Holle

DEIN INNERER KOMPASS: 15 Strategien für stürmische Zeiten

story.one – Life is a story

story.one

1st edition 2024

Production, design and conception:
story.one publishing - www.story.one
A brand of Storylution GmbH

Font set from Minion Pro, Lato and Merriweather.

ISBN: 978-3-7108-2469-2

Ich danke Daniel und Benjamin für ihre Inspiration, ihre Liebe und ihre Geduld. Ohne euch wäre ich niemals da, wo ich heute bin.

Ich danke auch meinen Eltern, die mir die Liebe zum Lernen, Lesen und Zeichnen vermittelt haben. Ihr habt mir ermöglicht, meinen Weg zu gehen und all das dabei zu lernen, was ich jetzt mit anderen teilen kann.

Ein Dankeschön auch an Bine, die mit ihrem wertvollen Feedback und ihrem Lektorat dazu beigetragen hat, dass dieses Buch weit über meine ursprünglichen Vorstellungen hinausgewachsen ist.

Und ein Dankeschön an Sebastian, ohne den meine Texte und Illustrationen nie das Licht der Welt erblickt hätten.

Danke für eure Unterstützung und euren Glauben an mich!

INHALT

"We are all
just walking
each other
HOME."

– Ram Dass

Vorwort

Ich verrate dir ein kleines Geheimnis. Als Coach und Psychotherapeutin bin ich leider nicht so weise, wie viele Menschen denken. Ich wünschte, ich könnte sagen, dass ich all meine Probleme gelöst habe und nun glücklich und zufrieden bis ans Ende meiner Tage lebe. Das würde sich gut anhören.

Die Wahrheit ist jedoch, dass auch ich oft nicht weiterweiß. Auch ich spüre die Schwere des Lebens. Traurigkeit, Angst und Wut sind regelmäßige Besucher auf meiner Couch. Aber ich habe gelernt, dass ich - und wir alle - viel mehr Einflussmöglichkeiten haben als wir denken!

In diesem Buch findest du all die Dinge - die Übungen und Strategien - die ich im Laufe meiner psychotherapeutischen Ausbildungen und in der Arbeit mit mir selbst gelernt habe und die für mich unentbehrlich geworden sind. Ich gebe sie meinen Klienten mit auf den Weg, teile sie in Workshops und wünschte, wir würden diese Dinge schon in der Grundschule lernen. Es würde unser Leben und die Welt verändern.

Viele Menschen, mit denen ich mein Wissen bisher geteilt habe, sagen irgendwann erstaunt: „Warum hat mir das nicht früher jemand gesagt?".

Die Strategien und Übungen in diesem Buch werden dir helfen, schlechte Tage in gute zu verwandeln. Sie werden dir helfen, deinen Weg zurückzufinden, wenn du ihn verloren hast. Sie werden dir helfen in Belastungssituationen innezuhalten und neue Kraft zu schöpfen und gut durch Krisen zu navigieren. Und sie werden dir helfen, immer mehr ein glückliches und selbstbestimmtes Leben zu führen.

Viele der Übungen erscheinen auf den ersten Blick vielleicht einfach. Sie sind jedoch höchst wirkungsvoll. Wenn du immer wieder zu ihnen zurückkehrst und sie zu einem Teil deines Lebens werden lässt, dann werden sie verändern, wie du dich selbst und die Welt siehst. Sie werden dir helfen, dein eigener bester Freund zu werden und echte Resilienz zu entwickeln.

Für einige der Übungen ist es hilfreich die Augen zu schließen. Daher habe ich für diese Übungen Audiodateien erstellt, die du dir ganz einfach online anhören kannst. Den Link findest du in den jeweiligen Kapiteln.

Und falls dich die Inhalte oder Übungen neugierig auf mehr machen, findest du im Anhang den Verweis auf weiterführende Literatur.

Und so hoffe ich, dass ich dich mit diesem Buch an die Hand nehmen und ein Stück deines Weges begleiten kann.

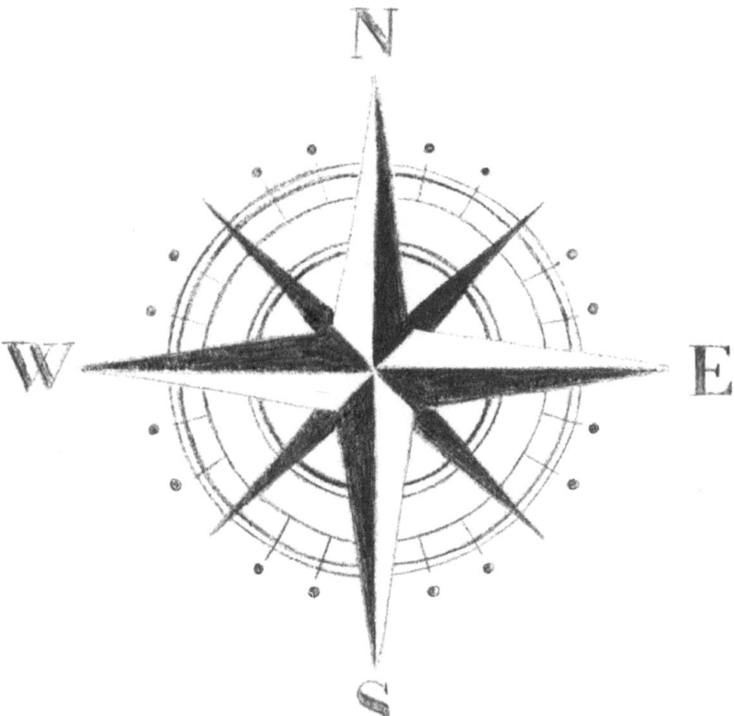
N
W
E
S

1. Der innere Kompass

Ich saß vor meinem Computer. Aber meine Augen weigerten sich, das Bild scharf zu ziehen. Es war Montagmorgen 6.30 Uhr. Ich war die einzige im Büro. Dem groben Verlauf der Linie auf dem Bildschirm entsprechend vermutete ich, dass die Märkte in Japan stark eingebrochen waren. Ich wusste jetzt schon, dass mein Chef schlechte Laune haben würde. Ich beschloss, mir erstmal einen Kaffee zu holen. Während die Maschine vor sich hin summte, sah ich durch das Fenster im 17. Stock in den grauen Frankfurter Morgen. Ich fragte mich, wo in meinem Leben ich falsch abgebogen war.

Mein Job war gut bezahlt, angesehen und nicht uninteressant. Das Problem war nur, dass ich nicht glücklich war. Ich kam morgens nicht aus dem Bett und fühlte mich tagsüber zunehmend antriebslos.

Was war passiert? Nun ja, etwas gar nicht so untypisches. Anstatt meinem eigenen inneren Kompass zu folgen, hatte ich mich von meinen

Ängsten und den Vorstellungen anderer leiten lassen. Wenn wir den sicheren Weg wählen oder den, der von uns erwartet wird, dann kann es passieren, dass sich das eigene Leben irgendwann fremd anfühlt.

Dieser Moment ist allerdings kein Scheitern. Er ist eine große, ungeahnte Möglichkeit. Anstatt uns zu fragen, warum wir nicht einfach glücklich sein können, können wir innehalten. Und reflektieren. Wir können unseren inneren Kompass (wieder)entdecken, mit ihm unser Leben neu gestalten und auch dauerhaft auf Kurs halten. Das Resultat: ein Leben, dass sich richtig (und) gut anfühlt.

Übung: Der innere Kompass

Und so findest du deinen *inneren Kompass.* Es ist die Übung, die ich mit all meinen Klienten als Erstes mache.

- **Freude spüren.** Hol dir ein Blatt Papier und schreibe *innerer Kompass* darauf. Nimm in deinem Alltag über 2 bis 4 Wochen hinweg wahr, wenn dir etwas richtig Freude macht. Auf der Gitarre spielen, wandern gehen, das kleine Nebenprojekt in der Arbeit, über Politik diskutieren. Ganz egal was es ist, schreib es auf. Eine stichpunktartige Notiz reicht.

- **Körpergefühl bestimmen.** Wenn deine Liste gut gefüllt ist, dann gehe sie noch mal durch. Und beobachte wie sich dein Körper dabei anfühlt. Vielleicht ist es ein Ziehen in der Bauchgegend oder ein Flattern in der Brust? Oder du hast eine Gänsehaut? Notiere dir genau das. Dieses Gefühl ist dein *innerer Kompass.* Es sagt dir: hier entlang!
- **Den inneren Kompass verwenden.** Du weißt nun, was dir echte Freude bereitet und wie sich das anfühlt. Nun kannst du zum einen mehr Dinge tun, die sich genau richtig anfühlen. Das schafft auf Dauer einen großen Zugewinn an Zufriedenheit. Und bei Entscheidungen kannst du auch nach diesem Gefühl gehen. Ein Kollege lädt dich zum Essen ein? Dein Partner will im Urlaub einen Städtetrip machen? Frage, deinen Körper. Und lerne ihm zu vertrauen. Er ist dein wichtigstes Navigationsgerät. Nun kann die Reise losgehen!

Geh' den nächsten Schritt.

2. Geh den nächsten Schritt

Viele meiner Klienten kommen zu mir, wenn es irgendwo hakt. Manche sind mit ihrem Leben nicht glücklich, obwohl sie scheinbar alles erreicht haben. Anderen hat das Schicksal einen Strich durch die Rechnung gemacht. Eine Kündigung hat die Karriere beendet oder die Scheidung hat die Vorstellung vom häuslichen Glück zerbrochen. Das führt oft zu einem Orientierungsverlust. Viele Fragen dann: Wie geht es jetzt weiter?

Vielleicht überrascht es dich zu hören, dass du für ein gelungenes Leben gar keine detaillierten Pläne brauchst. Es gibt eine Art durchs Leben zu navigieren, die sehr hilfreich ist und die Resilienz für Rückschläge schafft. Sie ermöglicht sogar, ungeahnte Höhen zu erreichen, von denen du niemals zu träumen gewagt hättest.

Dazu brauchst du zuerst das Gefühl deines *inneren Kompasses* aus Kapitel 1. Es hilft dir die grobe Richtung zu bestimmen. Und dann?

Dann machst du einfach den nächsten, offensichtlichen Schritt.

Klingt fast lächerlich, richtig? Aber schon die Polynesier navigierten auf ähnliche Weise durch den Pazifik. Sie nannten ihn *wayfinding.* Dieser Ansatz ist besonders hilfreich, wenn der Zeithorizont lang ist und wir das genaue Ziel nicht kennen. Wenn es nicht um die Finanzplanung für das Projekt in Q4 geht, sondern um das eigene Leben.

Als ich unglücklich in meinem Job war, erinnerte ich mich an ein Praktikum, das ich in meinem letzten Uni-Semester absolviert hatte. Ich war mit Mikrokrediten in Kontakt gekommen und hatte mich sofort in das Thema verliebt. Mein *innerer Kompass* hatte angeschlagen. Ich folgte dem Gefühl. Ich fing an, jeden Morgen vor der Arbeit etwas zu diesem Thema zu lesen. Ich sprach mit Freunden und Kollegen darüber. Und irgendwann erzählte mir ein Freund von einer Jobmöglichkeit in diesem Bereich. Der Bewerbungsschluss war zwei Tage später. Ich schrieb noch in derselben Nacht eine Bewerbung und wurde genommen.

Es begann mit einem vagen Gefühl, wohin ich wollte. Eine Reihe von nächsten Schritten brachte mich ans Ziel.

Übung: Dein nächster Schritt

- **Richtung festlegen.** Überlege dir, was es in deinem Leben gibt, was du gerne angehen oder verändern möchtest. Für Inspiration kannst du zu deiner Liste an Aktivitäten gehen, die dir Freunde machen (*Innerer Kompass*).
- **Nächste Schritte sammeln.** Schreibe alles auf, was du als nächsten Schritt tun könntest. Du willst meditieren lernen? Du könntest eine Meditations-App herunterladen, einen Kurs buchen, ein Buch dazu lesen, einen Freund fragen, der meditiert, etc. Dann suche dir das aus, was sich am besten anfühlt.
- **Immer weitergehen.** Und wenn du diesen Schritt gemacht hast, dann schau, was sich als Nächstes bietet. Manche Optionen werden erst sichtbar, wenn du einen Schritt weiter bist. Und wenn du immer weitergehst, wird sich in der Rückschau ein faszinierender Weg ergeben.

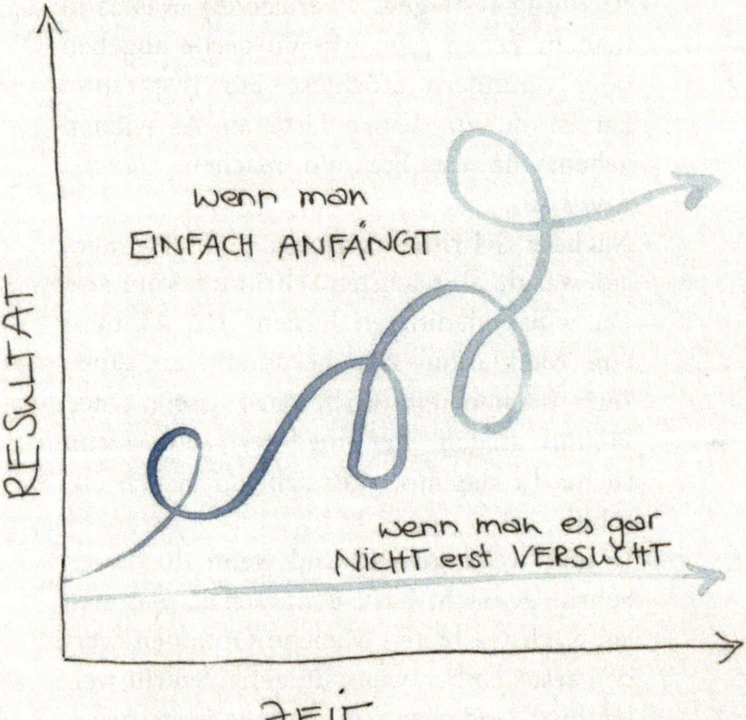
wenn man
EINFACH ANFÄNGT
RESULTAT
wenn man es gar
NICHT erst VERSUCHT
ZEIT

3. Kampf der Prokrastination!

Der Wecker klingelt. Es ist noch dunkel. Draußen ist es kalt und grau. Nach Jahren im sonnigen Kalifornien setzt mir der deutsche Winter zu. Ich kam schon immer schwer aus dem Bett, aber gerade ist es schlimmer denn je. Ich drücke die Schlummertaste. Immer. Wieder.

Vor großen, wichtigen Projekten fühle ich mich oft genau so. Ich will einfach wieder unter die Decke und die große Welt ... Na ja, einfach große Welt sein lassen.

Im Fachjargon heißt dieses Verhalten Prokrastination. Und ich lehne mich wahrscheinlich nicht allzu weit aus dem Fenster, wenn ich sage, dass jeder dieses Phänomen schon mal erlebt hat. Auch die Frühaufsteher dieser Welt wenden gerne mal die Vogel-Strauß-Technik an, wenn eine wichtige Aufgabe ansteht.

Was genau dabei unser metaphorischer Sand ist, in den wir den Kopf stecken, kann dabei sehr unterschiedlich sein. Einige Menschen fangen an zu putzen, anstatt sich im Homeoffice an die Strategie fürs nächste Jahr zu setzen. Andere verlieren sich in dutzenden von Katzenvideos auf Instagram, anstatt zum Sport zu gehen.

Dabei ist das, weswegen wir prokrastinieren, oft etwas Gutes. Etwas, das wir machen *wollen*. Von dem wir wissen, dass es unser Leben besser macht. Oft prokrastinieren wir bei unserem *nächsten Schritt* aus Kapitel 2. Wir wissen, wohin wir wollen und was wir dazu als Nächstes tun möchten. Aber irgendwie können wir uns einfach nicht aufraffen.

Und das ist gar nicht verwunderlich. Je mehr auf dem Spiel steht, desto größer ist oft unsere Angst. Und das ist das, was Prokrastination im Kern ist: eine gesellschaftsfähige Version von Angst.

Was können wir also tun, wenn das nächste Mal der Wecker klingelt oder das großartige, zukünftige Leben bei uns anklopft?

Übung: Die 5-Sekunden-Regel

Coach Mel Robbins hat eine großartige Strategie gegen Prokrastination entwickelt: die 5-

Sekunden-Regel. Sie ist unfassbar einfach und höchst effizient! Hierbei geht es darum, nach einem Impuls oder einer Idee innerhalb von 5 Sekunden zu handeln. Du legst los, bevor negative Gedanken oder Zweifel dich lähmen können, und nutzt die Motivation, bevor sie verschwindet.

- **Halte dir dein Ziel vor Augen:** Du möchtest zum Sport gehen, meditieren, früher aufstehen, jemanden ansprechen oder *deinen nächsten Schritt gehen.*
- **Zähle rückwärts von 5 bis 1.** Nun ist es Zeit zum Handeln. Der Wecker klingelt! Du zählst rückwärts von 5 bis 1. Damit umgehst du Gedanken, die dich wieder von deinem Vorhaben abbringen.
- **Machen!** Nachdem du bis 1 gezählt hast, beginne sofort mit der Umsetzung. Steh auf, drücke nicht auf *Snooze.* Kein Nachdenken, keine Zweifel, kein Wenn und Aber. Los gehts!

Sei dir selbst treu.

4. Sei dir selbst treu

Du hast nun deinen *inneren Kompass*, deinen *nächsten Schritt* und einen Trick zum Loslegen (*die 5-Sekunden-Regel).*

An dieser Stelle stolpern wir manchmal über eine unerwartete Hürde: Wir müssen offen für das, was wir wollen, einstehen. Und wir müssen anfangen nein zu sagen. Nein zu Projekten, Aktivitäten und sogar Menschen, die uns nicht in die richtige Richtung führen. Für mich war das der schwierigste Teil des Weges.

Die erste Hälfte meines Lebens war ich ein Chamäleon. Mein unsichtbarer sechster Sinn vermittelte mir immer, welche Version von mir gerade gesellschaftsfähig war. Und meine Fähigkeit mich anzupassen war beeindruckend.

Mein Kleiderschrank war irgendwann das perfekte Sinnbild für diese Art zu leben. Zerrissene Jeans und kunterbunte Röcke aus meinem Auslandssemester in Barcelona, grauer Stiftrock und weiße Rüschen-Bluse aus Paris, dunkelblaue Anzüge und weiße Hemden für die Arbeit. Und ich schien immer wunderbar in genau das Umfeld zu passen, in dem ich mich eben gerade befand. Egal ob seriöse Ökonomin oder alternative Studentin.

Aber irgendwann merkte ich, dass ich nicht nur meinen Kleiderschrank an mein Umfeld anpasste. Ich passte auch an, was ich sagte und wie ich mein Leben lebte. Die Angst, nicht dazuzugehören, als komisch zu gelten oder alleine zu sein, hatte dazu geführt, dass ich selbst nicht mehr richtig wusste, wer ich war.

Mit meinem *inneren Kompass* lernte ich wieder zu spüren, was *ich* wirklich wollte. Nun musste ich noch lernen, das auch zu zeigen und auch mal anzuecken.

Übung: Zeige, wer du bist!

Du willst etwas tun, was dir Freude macht, aber merkst, dass du dich scheust, es offen zu erzählen oder gar zu tun. Dann helfen vielleicht die folgenden Schritte.

- **Werde dir bewusst, was *du* willst.** Vielleicht möchtest du an einen anderen Urlaubsort als dein Partner. Oder du willst ein bestimmtes Projekt in der Arbeit nicht annehmen. Frage dich, was es ist, was du wirklich willst (unabhängig von den anderen).

- **Spüre das Unwohlsein.** Allein der Gedanke ans Ansprechen bereitet dir Unbehagen? Was wird mein Chef sagen? Was, wenn er mir kündigt? Wenn mein Partner wütend wird? Vielleicht merkst du, dass sich Ängste zeigen (mehr zum Umgang mit Emotionen in Kapitel 7 und 10). Das ist alles ok.
- **Kommuniziere**. Sprich trotzdem aus, was du möchtest. Wundere dich nicht, wenn du ängstlich oder unsicher bist. Das ist normal. Du lernst gerade klar Position zu beziehen. Das ist für viele von uns ungewohnt und fühlt sich vielleicht erstmal seltsam an.
- **Verhandeln**. Manchmal ist es erstaunlich einfach: Der andere zuckt nur die Schultern und sagt ok. Super! Und wenn es Gegenwind gibt? Dann kannst du immer noch verhandeln und gegebenenfalls Kompromisse machen. Aber selbst dann wirst du mehr Selbstwirksamkeit und Zufriedenheit spüren als zuvor.

„Ein ruhiges Meer
macht keine
erfahrenen Seeleute."

Afrikanisches
Sprichwort

5. Widerstandsfähiger werden

„*You can do this!*", schallte die Stimme von Wim Hof über den großen Platz. Um mich herum befanden sich jede Menge überdimensionale, aufblasbare Pools, die mit Eiswasser gefüllt waren. Ich stand mit etwa 150 Mitstreitern im Badeanzug daneben und kickte meine Fäuste in die Luft. Dabei rief ich laut „*Uh ah*!".

„*Let's go*", gab Wim Hof den Startschuss zum 2-minütigen Eisbad. Ich setzte mich in einen der Pools. Im Bruchteil einer Sekunde überwältigte mich eine Wand an Kälte. Mein Atem blieb weg. Mein ganzer Körper war im Schockzustand.

Wim Hof stand jetzt direkt neben mir. „*Yes, yes, yes*!", schrie er durch das Megafon direkt in mein Ohr. Ja, ich schaffe das, wollte auch ich mir sagen. Aber in meinem Kopf herrschte nur Panik. Mein einziger Impuls war aufzuspringen und schreiend wegzulaufen. Die Kälte war unbeschreiblich. Aber ich atmete weiter, wie wir es gelernt hatten. Ich erinnerte mich, warum ich das machte. Ich wollte meine Resilienz stärken. Ich wollte lernen, auch in Stressmomenten Ruhe zu bewahren.

„*You are safe!*". Wim Hof stand immer noch neben mir. Und etwas in mir glaubte ihm. Ich atmete weiter und spürte, wie ich langsam ruhiger wurde.

„*Keep breathing, everyone! 30 seconds to go!*" Mein Geist klarte auf und alles in mir normalisierte sich. Und dann war es vorbei. Ich hatte es geschafft. Zwei Minuten im Eiswasser!

Mein Workshop mit Wim Hof ist Jahre her. Aber er hat mein Leben verändert. Ich weiß jetzt, wie sich extremer Stress im Körper anfühlt, dass er temporär ist und ich ihn z.B. mit meiner Atmung regulieren kann. Ich habe gelernt, dass Angst nicht immer ein Zeichen zum Weglaufen ist und ich diese einfach spüren kann. Und dass der Durchbruch oft nicht weit entfernt ist. Ich bin dadurch stärker, selbstbewusster und ruhiger geworden. Ich weiß, dass das Leben (und *der nächste Schritt*) kommen kann.

Übung: Kalt duschen

Egal ob Wim-Hof-Methode, kalt duschen oder kneipen. Schon lange nutzen Menschen kaltes Wasser zur Steigerung der Abwehrkräfte. Und auch psychisch macht es uns stärker. Denn wir lernen in Stressmomenten und großer Belastung ruhig zubleiben (mehr dazu in Kapitel 8 und 9). Wenn du allerdings unter Vorerkrankungen leidest oder geschwächt bist, dann frag vorher deinen Arzt. Ansonsten, viel Spaß! Und so gehts:

- **Beginne klein.** Drehe nach dem normalen Duschen das Wasser für 10 Sekunden auf ganz kalt.
- **Erwarte den Schock und atme weiter.** Die extreme körperliche Reaktion auf das kalte Wasser ist ganz normal. Einfach weiteratmen. Du kannst auch versuchen tief in den Bauch zu atmen, den physiologischen Seufzer (Kapitel 9) anzuwenden oder dich einfach abzulenken.
- **Wiederhole und verlängere die Dauer.** Versuche so oft wie möglich kalt zu duschen und erhöhe dabei langsam die Zeitdauer auf 1 bis 2 Minuten.

„Bis wir uns das Unbewusste
bewusst machen,
wird es unser Leben lenken
und wir werden es
Schicksal nennen."

C.G. Jung

6. Selbsterkenntnis

Manchmal ist es wie verflixt. Vielleicht verlieben wir uns immer wieder in den Falschen oder wir geraten mit jeder Chefin aneinander. Oder wir wechseln den Job, nur um festzustellen, dass wir im nächsten Job auch nicht glücklicher sind.

Unserer *innerer Kompass* scheint in diesen Momenten nicht richtig zu funktionieren. Etwas lenkt uns in die falsche Richtung.

Und genauso ist es. Was unseren Kompass in diesen Situationen beeinflusst, sind meist Ereignisse aus unserer Vergangenheit. Auch wenn wir uns an diese oft nicht mehr bewusst erinnern, bestimmen sie auch heute noch unser Handeln - nämlich über unsere Emotionen und Glaubenssätze.

Diese Situationen können sehr frustrierend sein. Aber mit etwas Geduld und Übung fängt hier das persönliche Wachstum eigentlich erst richtig an.

Psychotherapie oder gutes Coaching können hier extrem hilfreich sein. Sie helfen, sich der eigenen Muster und blinden Flecken bewusst zu werden, die immer wieder zu unerwünschten Ergebnissen im Hier und Jetzt führen. Vielleicht stellen wir fest, dass wir unglaublich wütend werden, sobald uns jemand sagt, was wir tun sollen. Als Resultat legen wir uns mit der Chefin an. Unterstützung von außen kann an dieser Stelle helfen, die Wurzeln unseres Verhaltens zu erkennen, die emotionalen Blockaden aufzulösen und mehr innere Ruhe im Job (und im Leben) zu finden.

Aber wir können auch viel alleine tun, um uns der unterbewussten Denk- und Verhaltensmuster bewusster zu werden. Wir können uns fragen: Was genau passiert hier gerade? Wie fühle ich mich? Was sind mögliche Ursachen? Welche Zusammenhänge sehe ich?

Übung: Journaling

Eine gute Übung für mehr innere Klarheit ist das sogenannte *Journaling*, eine moderne Variante des Tagebuchs. Eine Version des *Journaling*, die mir sehr gut gefällt, sind die *Morgen-*

seiten von Autorin und Kreativ-Coach Julia Cameron.

- Nimm dir etwas Papier, einen Stift und los geht es. Du kannst diese Übung jeden Morgen machen (sehr empfehlenswert!) und auch wenn du akut belastet bist.
- Schreib einfach drauflos. Höre nicht auf bis 3 Seiten voll sind. Schreib alles auf, was dir durch den Kopf geht. Wirklich alles! Keine Zensur. Diese Seiten sind nur für dich. Du darfst also so wütend, gemein, ängstlich oder weinerlich sein, wie du willst. Es geht darum, dass alles raus aus dem Kopf und auf das Papier kommt (das allein sind schon 90 % des Erfolges!).
- Das Schreiben hilft dabei, uns gedanklich zu sortieren und große Emotionen wieder abebben zu lassen. Das führt dazu, dass wir auf einmal Lösungen sehen, die wir zuvor nicht wahrgenommen haben.
- Lies deine Seiten nach ein paar Wochen noch einmal. Was fällt dir auf? Was lernst du daraus? Was möchtest du dir vielleicht für die Zukunft mitnehmen? Wenn wir unser Geschriebenes mit etwas Abstand noch mal lesen, wird uns oft vieles bewusst, was wir vorher nicht gesehen haben.

mehr KAFFEE
NETFLIX
ARBEIT
WEGLAUFEN
ANGST

7. Lerne deine Angst kennen

Ich hatte meine ganze Kindheit lang viel Angst. Angst vorm Dunkeln, Angst vor dem Keller, Angst vor dem Wald (vor allem im Dunkeln), Angst, dass niemand zu meinem Geburtstag kam, Angst, dass alle zu meinem Geburtstag kamen.

„*Scary, scary, scary… Everything is so goddam scary*", fasst Autorin Elizabeth Gilbert dieses Phänomen zusammen.

Irgendwann merkte ich, dass meine Ängste auch den Dingen im Weg standen, die ich wirklich gerne machen wollte, z.B. dem Schreiben. Schreiben war immer eine Leidenschaft von mir gewesen - egal ob Tagebuch oder Artikel für die Jugendseite der SZ. Aber je älter ich wurde, desto selbstkritischer wurde ich. Konnte ich das so schreiben? Veröffentlichen? Irgendwann schrieb ich fast gar nicht mehr. Ich hatte Angst.

Vor einiger Zeit habe ich mich mit meiner Angst hingesetzt und ihr zugehört. Sie erzählte mir, warum das Schreiben so bedrohlich wirkt. Sie hatte Angst von anderen verurteilt zu werden. Und zum erstem Mal verstand ich sie. Als Zugeständnis an die Angst habe ich dann klein angefangen wieder zu schreiben und einen anonymen Instagram Account eröffnet. Irgendwann hatte ich genug nette Follower und wohlwollende Kommentare, dass ich mich traute, auch unter meinem eigenen Namen zu schreiben. Und auch bei negativen Reaktionen sah ich, dass die Welt nicht zusammenbrach! Nicht jeder musste das, was ich schrieb, mögen (*bleibe dir selbst treu!*). Und auf einmal waren auch Artikel für Magazine kein Problem mehr. Und das Buch, das du in der Hand hältst, ist ebenfalls ein direktes Resultat dieses Prozesses.

Wenn wir unsere Angst unterdrücken, dann wird sie dadurch entweder lauter oder sie sabotiert uns unterschwellig (z.B. durch *Prokrastination*). Wenn wir uns aber ruhig und wohlwollend der Angst zuwenden und ihr zuhören, dann lässt ihre Stärke nach. Und oft teilt sie uns wertvolle Informationen mit, die uns helfen sicherer und erfolgreicher voranzuschreiten.

Übung: Lerne deine Angst kennen

- Überlege dir mit deinem *inneren Kompass* etwas, das du gerne tun würdest, was aber „auf gar keinen Fall geht". Vielleicht ist es ein neuer Job, eine Auszeit, ein neues Hobby?
- Nun stelle dir deine Angst als Person vor. Wie würde sie aussehen? Was würde sie tun und sagen? Gib ihr gerne auch einen Namen. Versuche offen und neugierig ihr gegenüber zu sein.
- Nun frage deine Angst, was sie dir zu deinem Vorhaben sagen möchte. Was sind ihre Bedenken? Ihre Einwände? Ihre Sorgen? Ganz egal was es ist. Höre so gut und geduldig zu, wie es geht, und schreibe alles auf.
- Jetzt kannst du dir jede einzelne Sorge anschauen. Wie gewichtig und realistisch ist sie? Wie wahrscheinlich wird sie eintreten? Wie hoch ist der maximale Schaden? Gibt es Dinge, die du tun kannst, um potenzielle Gefahren zu begrenzen?
- Nun schaue dir die Gesamtsituation noch mal an. Wie siehst du sie jetzt?

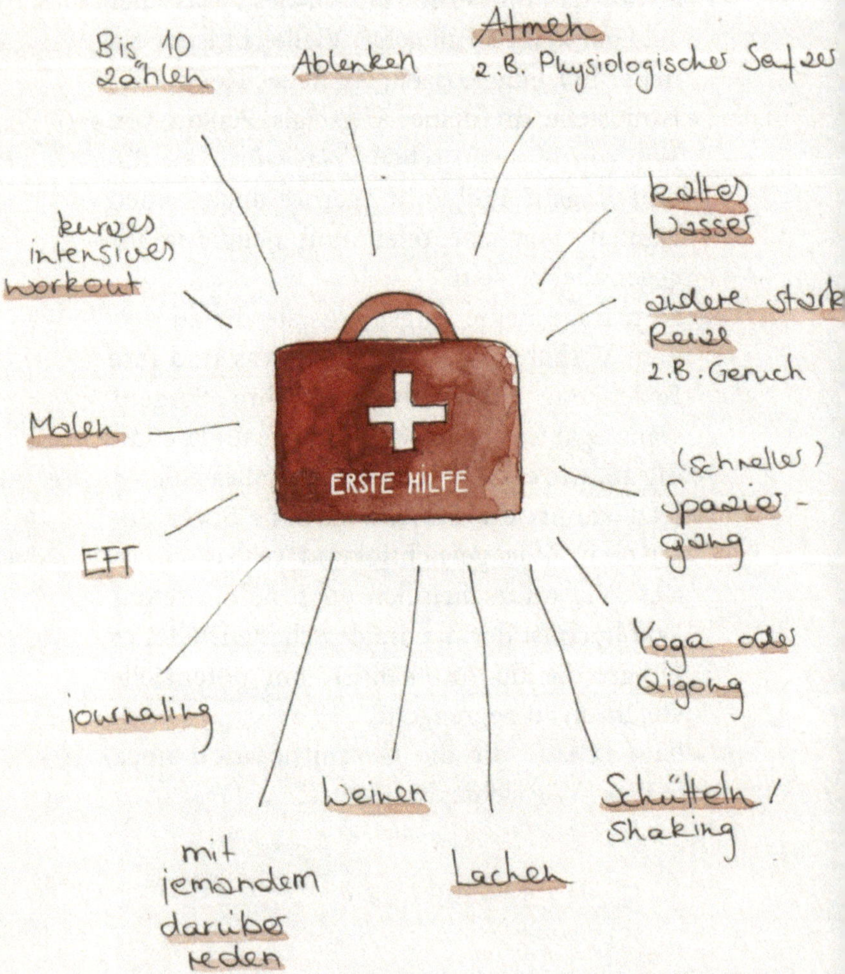
Bis 10 zählen
Ablenken
Atmen
z.B. Physiologischer Seufzer
kaltes Wasser
andere stark
Reize
z.B. Geruch
kurzes intensives workout
ERSTE HILFE
Malen
(schneller)
Spazier-gang
EFT
Yoga oder Qigong
journaling
Weinen
Schütteln / Shaking
mit jemandem darüber reden
Lachen

8. Erste Hilfe bei akutem Stress

Du hast eine Auseinandersetzung mit deinem Partner und kannst es den ganzen Tag nicht abschütteln? Da bist du nicht allein. Manchmal entwickelt sich daraus ein richtiger Pechtag. Der Grund ist, dass unser Körper sich in der Kampf-Flucht-Reaktion befindet. Diese Reaktion aktiviert unsere körperlichen Reserven, um Gefahr abzuwenden, führt aber auch dazu, dass wir schlechter denken, Fehler machen und zu Unfällen neigen. Und mit unseren Mitmenschen sind wir dann oft auf Krawall gebürstet.

Da kann man nichts machen, oder? Doch! Sehr viel sogar. Wir können unseren Erste-Hilfe-Koffer für stressige Situationen auspacken und uns selbst regulieren! Du kannst z.B. eine kleine Runde um den Block gehen. Oder dein Gesicht im Bad mit kaltem Wasser waschen. Oft helfen sogar ein paar bewusste Atemzüge (siehe Kapitel 9).

Manchmal ist die Entspannung gleich zu fühlen. Und wenn nicht, kannst du mehrere Strategien koppeln. Erst ein paar Atemzüge, dann etwas Bewegung und dann eine Freundin anrufen. Es ist so einfach und gleichzeitig so effektiv. Die einzige Schwierigkeit besteht oft darin, zu erkennen, dass es Zeit ist, die Reißleine zu ziehen. Und nicht in diesem erregten Zustand einfach weiterzumachen.

Als Ökonomin evaluierte ich mal ein Mikrokreditprojekt in Peru. Die Bewohner eines kleinen Dorfes bekamen etwas Startkapital und professionelle Unterstützung einer NGO, um sich ein kleines Business aufzubauen. Ich redete mit Carmen, einer jungen Mutter, die sich mithilfe des Projektes einen Webstuhl gekauft hatte. Ich frage sie, welcher Aspekt des Projektes ihr am meisten geholfen hatte.

„Das bis 10 zählen", sagte Carmen prompt. Ich sah meine Kollegin fragend an. War das Teil des Programmes? Meine Kollegin zuckte mit den Schultern. Auf Nachfrage erzählte Carmen, dass sie oft ihre Fassung verlor und eine Mitarbeiterin der NGO ihr dafür einen wertvollen Tipp gegeben hatte: Wenn sie wütend wird, solle sie bis 10 zählen bevor sie irgendetwas anderes macht.

„Und seitdem schlage ich meine Kinder nicht mehr“, sagte Carmen mit Tränen in den Augen. Das war meine erste Begegnung mit der Kraft der Selbstregulierung lange vor meiner ersten psychologischen Ausbildung. Und ich habe sie seitdem nicht mehr vergessen!

Übung: Befülle deinen eigenen Erste-Hilfe-Koffer

- Nimm dir ein Blatt Papier und schreibe *Erste-Hilfe-Koffer* darüber.
- Überlege dir, was dir in stressigen Zeiten guttut. Tief atmen, kaltes Wasser, etwas räumlicher Abstand? Die Illustration gibt dir weitere Ideen - sieh was dir hilft. Dann schreibe dir diese Dinge auf und hänge dir deine Liste gut sichtbar auf (in Stressmomenten wirst du sonst nicht an sie denken).
- Und wenn die emotionalen Wellen das nächste Mal hochschlagen, dann schau in deinen *Erste-Hilfe-Koffer* und wende deine ganz individuellen Strategien an, um zurück zu innerer Ruhe zu finden.

DER PHYSIOLOGISCHE SEUFZER

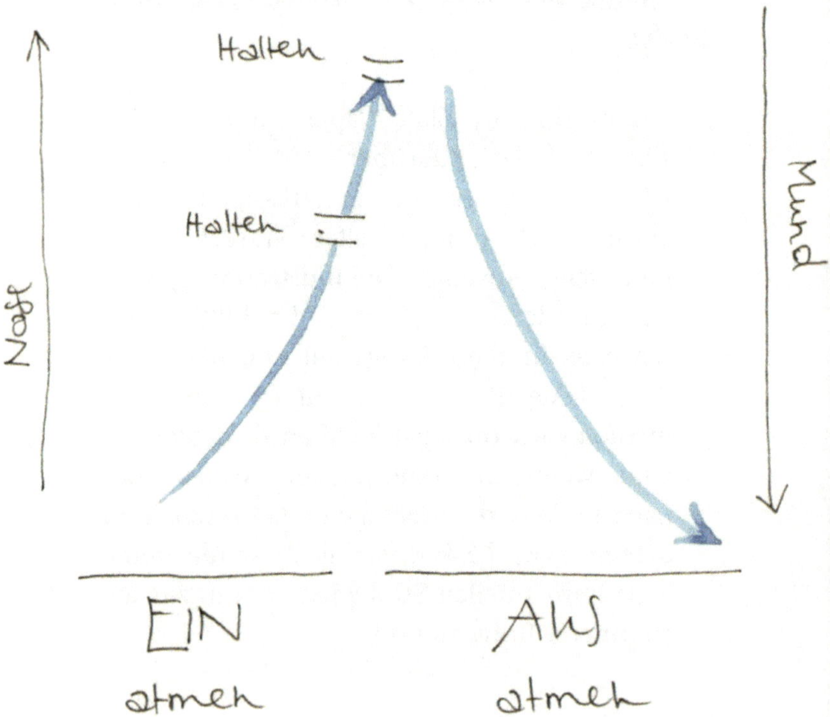

9. Tief durchatmen!

Wenn es ein Werkzeug gibt, das in keinem *Ersten-Hilfe-Koffer* fehlen sollte, dann ist es unsere Atmung. Sie ist sozusagen das Schweizer Taschenmesser der Selbstregulierung! Vielseitig einsetzbar und höchst effektiv.

Warum das so gut funktioniert? Unsere Atmung ist eng mit unserem Nervensystem verbunden. Wenn wir gestresst sind, atmen wir oft schnell und flach aus der Brust heraus. Im entspannten Zustand atmen wir hingegen langsamer, tiefer und aus dem Bauch. Interessanterweise läuft die Verbindung zwischen Nervensystem und Atem in beide Richtungen: Unser Nervensystemzustand beeinflusst, wie wir atmen. Und umgekehrt können wir unsere Atmung einsetzen, um unser Nervensystem zu regulieren.

Als Daumenregel gilt: Langes Ausatmen beruhigt, während kurzes, stoßartiges Ausatmen den Organismus aktiviert. Die Atmung ist daher z.B. auch ein fester Bestandteil von Praktiken wie Yoga oder Qigong. In der Atemtherapie wird sie sogar zur Linderung von chronischem Stress und Krankheiten eingesetzt.

Ich kam das erste Mal in meiner Yogalehrerausbildung mit der Kraft der Atmung in Kontakt. Ich erlebte am eigenen Körper, wie wir unseren Zustand innerhalb von Minuten mittels der Atmung verändern können. Wenn wir lernen unseren Atem richtig einzusetzen, braucht es kein Baldrian zur Beruhigung und keinen Kaffee für Energie und Konzentration.

Der Atem ist also vielseitig einsetzbar. Und einfache Atemtechniken zum Stressmanagement sind einfach zu lernen und umzusetzen. Zahlreiche Studien belegen mittlerweile sogar wissenschaftlich, wie Atemübungen unsere körperliche und psychische Gesundheit unterstützen und zu mehr Wohlbefinden führen können.

Übung: Der Physiologische Seufzer

Eine Atemtechnik zur Stressregulierung und Beruhigung, die sehr effektiv ist und nicht viel Übung braucht, ist der *physiologische Seufzer*. Wir atmen auf diese Weise oft ganz natürlich, um uns selbst im Alltag zu beruhigen. Schön zu beobachten ist er z.B. bei kleinen Kindern, nachdem sie geweint haben und sich langsam wieder beruhigen. Und so funktioniert es:

- Atme normal durch die Nase ein bis deine Lunge fast voll ist. Halte den Atem kurz an (ca. 1 bis 3 Sekunden).
- Dann fülle den Rest der Lunge mit einer zweiten Einatmung. Halte den Atem wieder kurz an.
- Atme nun langsam komplett durch den Mund aus.
- Du wirst den Unterschied wahrscheinlich gleich spüren, z.B. dadurch, dass du gähnen musst. Ansonsten wiederhole diese Atmung gerne 2 bis 3 Mal für einen größeren Effekt.

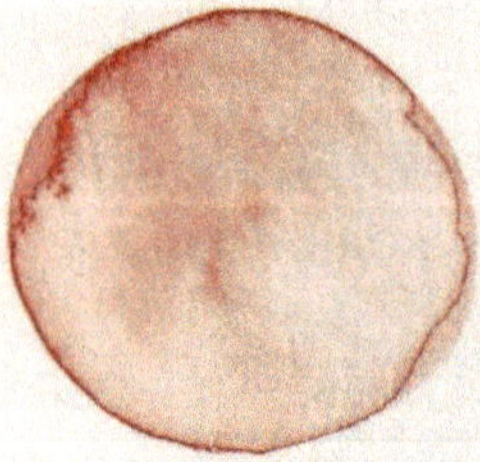

EMOTIONEN
die <u>NICHT</u>
dasein dürfen

EMOTIONEN
die SEIN DÜRFEN

EMOTIONEN
die gehalten &
VERSTANDEN werden

10. Fühlen lernen

Als Kind liebte ich den Film Sissi. Eine schöne Prinzessin, so frei und wild. Doch dann kam sie nach Wien und wurde in ein enges Korsett von gesellschaftlichen Normen und Erwartungen gezwängt - und dabei tief unglücklich.

Erst viel später habe ich erkannt, dass auch Teile von mir sich wie Sissi gefühlt haben. Da gab es so viel, was nicht da sein durfte. Große Emotionen bereiteten mir tiefes Unwohlsein - egal ob Traurigkeit, Wut oder Angst. Wenn es mir nicht gut ging, versuchte ich einfach weiterzumachen, so gut es ging.

Gesellschaftlich ist das eine sehr weit verbreitete Art, mit Emotionen umzugehen. Und kurzfristig kann sie sehr hilfreich sein, um durch schwierige Zeiten zu kommen. Wenn wir allerdings nie Raum für unsere Emotionen machen (können), sind wir dadurch weniger resilient und anfälliger für Burnout und Krankheiten. Das neuere medizinische Forschungsfeld der Psychoneuroimmunologie sieht unterdrückte Emotionen und inneren Stress sogar als Ursache vieler modernen Zivilisationsleiden - von Depressionen bis hin zu Autoimmunerkrankungen und Herzkreislauferkrankungen.

Es lohnt sich daher einen guten Umgang mit Emotionen zu erlernen (über die *Erste Hilfe* hinaus). Kurz gesagt gilt es, Emotionen weder zu unterdrücken noch auszuleben. Wir können lernen Emotionen wahrzunehmen und zu sehen, welche Informationen sie beinhalten und worauf sie uns hinweisen. Denn Emotionen, die da sein dürfen, vergehen auch wieder.

Übung: R.A.I.N

Eine gute Übung hierzu ist die R.A.I.N Meditation, eine Achtsamkeitsübung von Tara Brach. Sie kann helfen einen guten neuen Umgang mit Emotionen zu finden.

Die **Audiomeditation findest du online** (unter: https://on.soundcloud.com/EWCks).

- Nimm dir 10 Minuten und setze dich aufrecht und entspannt hin.
- ***Registrieren.*** Was ist gerade da und möchte deine Aufmerksamkeit? Gibt es etwas, womit

du gerade zu kämpfen hast? Was dir Sorgen macht? Was ist an dieser Situation am schwierigsten? Welche Emotionen sind da? Wut, Angst, Traurigkeit?

- ***Alles da sein lassen.*** Lasse es einfach da sein. Versuche es nicht zu ändern oder wegzuschieben. Es darf einfach sein. Atme einfach weiter.
- ***Investigieren.*** Wo in deinem Körper spürst du es gerade am meisten? Vielleicht im Hals oder in der Brust oder im Bauch? Lege deine Hand auf diese Stelle. Wie fühlt es sich an?
- ***Nähe schenken.*** Was braucht dieses Gefühl? Will es einfach gesehen und gehört werden? Möchte es Akzeptanz oder Vergebung? Und dann schau, ob du dir das innerlich oder äußerlich geben kannst. Du kannst dir auch vorstellen, dass jemand anderes für dich da ist, z.B. eine mitfühlende Großmutter oder Freundin.

Eventually all waves settle.

11. Mantras für harte Zeiten

Wenn die Wellen im Leben richtig hochschlagen, kann es manchmal so ausschauen, als würde es niemals anders werden. Und wenn eine schlechte Nachricht die andere jagt, dann kann uns der Optimismus schon mal abhandenkommen. Dann kann es hilfreich sein, sich daran zu erinnern, dass auch das wieder vorübergeht, dass alle Wellen irgendwann wieder abebben.

Ich bin eine passionierte Surferin. Obwohl ich nicht wirklich gut bin, liebe ich es, mich mit dem Surfbrett ins Weißwasser zu stürzen. Auf einer Reise in Neuseeland hielten wir vor ein paar Jahren mit unserem Campervan in Reaglan an, einem Mekka für Surfer. Ich war voller Vorfreude. Leider sagte der Surfbericht für die nächsten Tage immer die gleichen Verhältnisse voraus: „*Big and messy.*" Große, unregelmäßige Wellen, mit auflandigem Wind und starken Strömungen. Ach ja, und 13 Grad. Nicht gerade die besten Voraussetzungen. Aber davon ließ ich mich nicht beirren. Jeden Tag packten wir ein paar Leute aus dem Hostel ein und fuhren mit dem Van an den Strand.

Die meiste Zeit, paddelte ich nur wild herum und versuchte in der weißen Gischt nicht von den Strömungen weggetrieben zu werden. Nach der Surfsession saß ich dann erschöpft mit heißer Suppe und in Decken gehüllt im Nebel mit den anderen am Strand. Schön war es nicht, aber irgendwie gut. Ich stand in all den Tagen nicht eine einzige Welle. Aber kurz vor unserer Abreise klarte der Himmel auf, die Bedingungen waren ideal. Und ich merke, dass all das Paddeln meine Arme gestärkt hatte. Und ich nahm mehr Wellen als jemals zuvor. Es war großartig.

Es wirkte schon damals auf mich wie eine Metapher fürs Leben. *Just keep going.* Das nächste Mal, wenn dir das Leben also *big und messy* präsentiert, lass dich nicht entmutigen. Erinnere dich, dass auch das dazu gehört.

Schwierige Phasen stärken uns oft, ohne dass wir es merken. Fühle, was in dir vorgeht (*fühlen lernen*). Mach einfach so viel und so gut du kannst. Sei gut zu dir. Nimm dir eine warme Decke und eine Suppe. Und wenn alles zu viel wird, dann hol dir Hilfe. Und vertraue darauf, dass die Sonne auch wieder hervorkommt.

Übung: Mantras für harte Zeiten

Hier sind ein paar meiner Lieblingssätze für harte Zeiten. Probiere sie aus und schau, welche sich gut für dich anfühlen. Pass die Sätze auch gerne an oder suche dir deine eigenen. Schreib sie dir auf und klebe sie dir an den Spiegel oder auf deinen Laptop, damit du sie immer wieder siehst.

- Es ist hart, aber auch das geht vorüber.
- Irgendwann legen sich auch die größten Wellen wieder.
- Es ist ok, auch wenn es nicht ok ist. Straucheln gehört zum Leben.
- Ich habe schon andere harte Zeiten durchgestanden. Ich weiß wie man da durchkommt.
- Ich schaffe das.
- Was ich gerade erlebe, stärkt mich für die Zukunft.
- Ich bin nicht alleine. Ich kann mir Hilfe holen, wenn ich sie brauche.

"Stand still.
The trees ahead and the bushes beside you
Are not lost.
[...]
Stand still.
The forest knows where you are.
You must let it find you."

– David Wagoner

12. Die Kunst des Zusammenbruchs

Und manchmal hilft alles nicht. Kein emotionaler *Erste-Hilfe-Koffer*, kein *Atmen*, keine *Mantras*. Wenn du schon lange genug auf diesem Planeten lebst, dann hast du so eine Phase vielleicht auch schon mal mitgemacht. Manchmal ist es die schwere Krankheit eines geliebten Menschen, eigene gesundheitliche Probleme, der Verlust des Jobs oder die Trennung vom Partner. Und je mehr zusammenkommt, desto schwerer wiegt die Last.

„*Some days are just fucked beyond repair*", sagt Comedian-Guru Singh. Und manchmal werden aus den Tagen Wochen oder Monate.

Wenn nichts mehr richtig hilft, fühlen wir uns wie verloren in einem großen Wald. Die Kräfte schwinden und unsere Optionen scheinen ausgeschöpft. Das ist ein Moment, der sehr viel Angst machen kann. Verständlicherweise.

Aber das ist nicht das Ende des Weges. Ganz im Gegenteil. Wenn wir am Ende all unserer Weisheit und Kraft angekommen sind, dann ist das eine riesige Chance. Die Chance zu erkennen, dass mehr machen nicht immer mehr hilft. Es ist die Einladung, innezuhalten. Sich hinzusetzen. Es ist die Kunst des Zusammenbruchs.

Es ist der Moment, in dem wir eingestehen müssen, dass wir nicht mehr weiterwissen. Es ist eine Einladung zu tiefer Akzeptanz. Und wenn wir vertrauen können, dass auch das ok ist, dann kann innerlich etwas loslassen. Unser Herz kann aufbrechen. Und dann lassen auch Gefühle wie Verzweiflung und Hilflosigkeit wieder nach. Wir finden den Weg aus dem Wald. Und wir lernen, dass alles ok ist - auch wenn nichts ok ist. Das ist ultimative Resilienz.

Übung: Hilfe suchen

In diesem Prozess kann ein treuer Begleiter, z.B. ein weiser Mensch in unserem Umfeld, ein Coach oder eine Psychotherapeutin, unendlich wertvoll sein. Viele von uns haben jedoch gelernt, alles mit sich selbst auszumachen. Keine Schwäche zu zeigen. Immer stark zu sein. Das sind gute Charaktereigenschaften aber in Krisen können sie die Situation zusätzlich erschweren.

Wir können jedoch lernen, uns anderen zu öffnen, Verletzlichkeit zu zeigen und nach Hilfe zu fragen. Das ist in schwierigen Zeiten eine unbezahlbare Ressource.

Gutes Coaching oder Therapie deutet uns auf blinde Flecken hin und nimmt uns an der Hand, um besser und schneller durch die akute Krise zu steuern. Und alles, was wir lernen, kommt uns in allen nachfolgenden Krisen des Lebens ungemein zu Gute und hilft diese in Dauer, Stärke und Häufigkeit zu verringern.

„Wir können nicht
für alles dankbar sein,
aber in jedem Moment
etwas finden
für das wir
dankbar sind."

– David Steindl-Rast

13. Dankbarkeit

„Aren't you just so grateful? What a blessing to live in San Francisco!". Jennas blaue Augen leuchteten. Wir standen in der warmen kalifornischen Morgensonne vor dem Yogastudio, in dem wir unsere Yogalehrer-Ausbildung machten. Der Geruch der Bio-Bäckerei nebenan mischte sich mit dem Kaffeegeruch des Cafés eine Straße weiter.

Jenna und ich hatten gerade darüber gesprochen, seit wann wir in San Francisco lebten. Leider war ich im Gegensatz zu ihr gar nicht glücklich hier zu sein. Ich mochte San Francisco. Aber ich war wegen meines Mannes hierhergezogen und hatte viel aufgegeben, um hier zu sein: meinen Job, meine Freunde und eine Stadt, die ich sehr geliebt hatte. Und je mehr mich andere davon überzeugen wollten, wie toll San Francisco war, desto schlimmer wurde es. Das eigene schlechte Gewissen, diese tolle Stadt nicht genießen zu können, gab mir den Rest.

Ein Jahr später unterrichtete ich meine erste feste Yogastunde in einem kleinen Studio am Ozean. Ich leitete eine klassische Dankbarkeits-Meditation an. Nach der Stunde kam eine junge Frau zu mir. Die Stunde sei echt gut gewesen, sagte sie. Aber die Meditation am Ende, das sei nicht so ihr Ding gewesen.

„*Weißt du?*", *fuhr* sie fort. „*Ich habe zwei Jobs, zwei kleine Kinder und einen Haufen Schulden. Da ist keine Dankbarkeit. Nur Angst und Überforderung. Dieses ganze Yoga-Geschwafel von Dankbarkeit, das ist doch alles Schwachsinn oder für Leute die keine Probleme haben.*" Ich sah sie an. Ich sah ihre Müdigkeit und ihre Verzweiflung. Und ich wusste genau, was sie meinte.

„*Ja, ich kann dich sehr gut verstehen*", sagte ich ehrlich. „*Das klingt schwer.*" Ich legte ihr meine Hand auf den Arm. Ihr traten die Tränen in die Augen. „*Manchmal ist da keine Dankbarkeit und das ist auch völlig ok.*" Ein paar Momente standen wir einfach nur da.

„*Danke*", sagte sie. Dann lachte sie plötzlich. „*Jetzt bin ich doch noch dankbar.*"

Übung: Dankbarkeit

Dankbarkeit fühlt sich gut an. Und mittlerweile belegen sogar Studien, dass sie unsere Gesundheit und Wohlbefinden fördern. Und so gehts!

Die **Audiomeditation findest du online** (unter: https://on.soundcloud.com/gcoUz).

- Nimm dir fünf Minuten Zeit. Setze dich aufrecht und gleichzeitig bequem hin. Lege deine Hand auf dein Herz und spüre deinen Herzschlag.
- Denke langsam nacheinander an 2 bis 3 Dinge, für die du wirklich gerade dankbar bist. Die Tasse Kaffee am Morgen, die Sonnenstrahlen, das freundliche Lächeln eines Fremden. Es kann auch etwas aus der Vergangenheit sein. Spüre, wie sich die Dankbarkeit und das Wohlbefinden in deinem Körper ausbreiten und lass das Gefühl einsinken.

Wo fühlst du dich wohl?

14. Mentaler Kurzurlaub

Es gibt Orte, an die ich unglaublich gerne zurückkehre. Orte, an denen ich mich zutiefst wohlfühle und die zur sofortigen Entspannung beitragen. Wenn ich dort bin, kann ich durchatmen. Ich fühle mich frei und erleichtert. Es sind Orte, die immer für mich da sind - in guten wie in schlechten Zeiten.

Einer dieser Orte ist der Steg an meinem Heimatsee. Er führt durch hohes Schilf weit raus aufs Wasser. Man hört den Wind und die Möwen und sieht die Berge im Hintergrund. Wenn ich dort bin, sehe ich - oft nach nur ein paar Minuten - mein eigenes Leben mit etwas mehr Distanz und Perspektive. Probleme, die im Alltag noch unlösbar scheinen, sind auf einmal gar nicht mehr so groß.

Oft habe ich jedoch keine Zeit an den Steg zu fahren. Und einige meiner anderen Kraftplätze sind viele tausend Kilometer entfernt, z.B. ein Strand in Nordkalifornien, ein Kloster in Thailand oder ein gemütlicher Buchladen in

Washington D.C.

Das Tolle ist, dass wir auch in unserer Fantasie an diese Orte reisen können. Egal wo wir gerade sind. Wir können ein paar tiefe Atemzüge nehmen, den Körper entspannen und uns dann einen unserer *happy places* vor das innere Auge holen.

Das Interessante an unserem Nervensystem ist, dass es keinen großen Unterschied zwischen Vorstellung und Realität macht, sagt Dr. Sapolsky, Professor für Biologie und Neurologie an der Universität Stanford. In der Regel erschwert uns diese Tatsache das Leben eher, z.B. wenn wir mal wieder potenzielle Katastrophen in unserem Kopf durchspielen. Dann geht unser Körper in den Kampf-Flucht-Modus, obwohl die Bedrohung in diesem Moment nicht wirklich real ist.

Aber wir können uns diesen Effekt auch zunutze machen. Wir können unseren Geist trainieren, sich immer wieder auf das Schöne und Gute zu konzentrieren. Nur ein paar Minuten täglich helfen sogar uns dauerhaft zufriedener zu machen. Es aktiviert den Parasympathikus und führt damit zu direkter Entspannung.

Wenn wir in Gedanken an einen schönen Ort reisen, ist das daher wie ein richtiger kleiner Urlaub für Körper und Geist. Erholung garantiert!

Übung: Mentaler Kurzurlaub

Die **Audiomeditation findest du online** (unter: https://on.soundcloud.com/QQVJN).

- Setze dich aufrecht und bequem hin. Schließe deine Augen.
- Erinnere dich an einen schönen Ort oder Moment, wo es dir so richtig gut ging.
- Und dann versetze dich mit all deinen Sinnen in diese Situation. Was siehst du? Was hörst du? Bist du allein oder ist jemand bei dir? Lass dir Zeit, die Szene richtig auf dich wirken zu lassen.
- Und dann genieße das Gefühl dieses kleinen Kurzurlaubs, solange du möchtest.
- Wenn du diese Übung regelmäßig machst, dann wird sie dir auch in stressigen Situationen helfen, Entspannung zu finden.

VERTRAUEN

15. Vertrauen

Die Arbeit am eigenen Leben und am eigenen *Ich* kann wie ein großes Optimierungsprojekt wirken. Dabei ist genau das Gegenteil der Fall. Wir müssen nicht suchen oder erschaffen, wer wir sind. Wir müssen nur unseren Kern unter der Schicht sozialer Konventionen und Erwartungen, wieder hervorkommen lassen.

Es wird gesagt, dass Michelangelo seine fertige Skulptur bereits im Marmorblock sah, bevor er überhaupt einen Meißel in die Hand genommen hat. Er musste nur noch all den überschüssigen Marmor abtragen.

Der Weg zurück zu uns selbst ist genau das. Es geht nicht um mehr, sondern um weniger. Es geht darum, abzulegen, was nicht zu uns gehört. Loszulassen von dem, was wir nie sein wollten. Dann können wir aufblühen lassen, wer wir wirklich sein wollen - und vielleicht schon immer waren. Wir können unsere eigenen Gefühle spüren, unsere Bedürfnisse erfüllen und unseren Interessen nachgehen. Gesundheit, tiefes Wohlbefinden und Freude sind die natürliche Folge dieser Lebensweise.

Ich habe dir viele meiner Lieblings-Instrumente gezeigt, um genau diesen Weg zu gehen. Wenn du sie regelmäßig anwendest, wirst du dich zunehmend wohl und zufrieden fühlen.

Es gibt aber noch ein Geheimnis, sozusagen eine Abkürzung auf dem Weg zu uns selbst: Vertrauen.

Vor langer Zeit hat mir mein Meditationslehrer Jack Kornfield in San Francisco davon erzählt. Es gibt zwei Wege, meinte er. Der erste Weg ist der Weg des Vertrauens. *Einfach vertrauen und loslassen.*

„So einfach?", fragte ich.

„So einfach", sagte er. *„Einfach aber nicht leicht. Und für alle, die diesen Weg nicht gehen wollen oder können, bleibt noch der Weg der Anstrengung. Den geht man dann, bis man nicht mehr kann."*

Vertrauen ist dabei schneller und schmerzfreier. Denn Vertrauen bedeutet, dass wir all die Sicherheit und Liebe sehen, die bereits um uns sind. Das ist kein intellektuelles Unterfangen. Es ist die tiefe gefühlte Gewissheit, dass alles ok ist so wie es ist. Wir erkennen, dass wir niemand anderes sein müssen als wir selbst, dass wir nichts mehr tun und nichts mehr erreichen müssen. Es ist ein inneres Aufatmen und Loslassen. Wir sind angekommen.

Übung: Kein Problem zu lösen

Die **Audiomeditation findest du online** (unter: https://on.soundcloud.com/Pm7EN).

- Nimm dir eine Minute Zeit, egal wo du bist und setz dich bequem hin. Spüre deinen Kiefer und entspanne ihn. Lass deine Schultern Richtung Boden sinken.
- Stelle dir folgende Frage und lass die Antwort einfach kommen: „Was ist gerade hier, wenn es kein Problem zu lösen gibt? Was ist hier, wenn ich nichts tun muss, wenn ich nirgendwo hin muss? Wenn alles schon ok ist?"

Anhang: Weiterführende Literatur

Der innere Kompass

Beck, Martha (2003). Finding Your Own North Star: How to claim the life you were meant to live.

Kampf der Prokrastination

Robbins, Mel (2018). Die 5-Sekunden-Regel: Wenn du bis 5 zählen kannst, kannst du auch dein Leben verändern.

Widerstandsfähiger werden

Hof, Wim (2021). Die Wim-Hof-Methode: Mit der Kraft der Kälte, bewusster Atmung und mentaler Stärke gesünder, leistungsfähiger und glücklicher werden.

Selbsterkenntnis

Cameron, Julia (2019). Der Weg des Künstlers.

Lerne deine Angst kennen

Gilbert, Elizabeth (2017). Big Magic. Nimm dein Leben in die Hand und es wird dir gelingen.

Erste Hilfe bei akutem Stress

Winch, Guy (2016). Emotionale Erste Hilfe: Wie wir mit seelischen Verwundungen im Alltag umgehen können.

Ayan, Steve (2015). Emotionsregulation. Wie wir unsere Gefühle kontrollieren. Spektrum der Wissenschaft. Online unter: https://tinyurl.com/4u492u3m

Tief durchatmen

Nestor, James (2021). Breath - Atem: Neues Wissen über die vergessene Kunst des Atmens.

Wapner, Jessica (2021). Mit der richtigen Atmung und weitem Blick Stress abbauen. In: Spektrum der Wissenschaft. Online unter: https://tinyurl.com/4ttx947h

Fühlen lernen

Dr. David, Susan (2021): Emotionale Beweglichkeit. Für freie Entfaltung mit klarem Blick und offenem Geist.

Dankbarkeit

Maeck, Stefanie (2016). Dankmuskel bitte anspannen. In: Der Spiegel. Online unter: https://tinyurl.com/57yw8vjy

Mentaler Kurzurlaub

Dr. Sapolsky, Robert M. (2004). Why Zebras Don't Get Ulcers.

Dr. Hanson, Ruck (2014). Hardwiring Happiness: How to reshape your brain and your life.

NINA HOLLE

Nina Holle (M.A.) ist internationaler Coach, Autorin und Ökonomin. Ihr Ziel: Ein gutes Leben für alle. Nina vereint dazu Erkenntnisse aus Psychologie, Neurowissenschaften und Weisheitstraditionen.

Nach vielen Jahren bei den Vereinten Nationen und der Weltbank in den USA, lernte sie Achtsamkeit in Spirit Rock unter Jack Kornfield und wurde zur Yogalehrerin und Reiki Meisterin ausgebildet. Sie absolvierte verschiedene psychotherapeutische Ausbildungen, u.a. in Internal Family Systems (IFS), Hypnotherapie und Brainspotting.

Heute gibt sie ihr Wissen als Coach und Psychotherapeutin in eigener Praxis weiter (nach Heilpraktikergesetz) und hilft Menschen durch Lebenskrisen und zu einem erfüllten und gesunden Leben. Sie hält Workshops und schreibt regelmäßig Beiträge in Magazinen und auf Instagram.